LETTRES PATRIOTIQUES, DE DEUX CITOYENS DE LYON.

Comblé de ses bienfaits, ils sont teints de son sang.
. . . . VOLTAIRE.

A PARIS.

M. DCC. LXXV.

LETTRES PATRIOTIQUES.

LETTRE PREMIERE,

De M. Prévenu, de Lyon, à M. Sensé, aussi de Lyon.

A Lyon le 10 Juillet 1775.

JE vous aime, mon bon Ami, & vais vous en donner des preuves, si vous voulez renoncer à votre indifférence, à votre Philosophie qui ne mene à rien, & si vous voulez enfin rappeller en vous ce sentiment patriotique, qui fait prendre avec plus de chaleur les intérêts du lieu qui nous a vu naître : je vous trouve tous les jours plus digne de votre nom, depuis que vous habitez Paris ; mais je dirai que vous êtes fou, si vous résistez à mes desirs. On s'agite ici depuis long-temps ; on ſe plaint des Impôts que la Ville perçoit depuis 1773, conformément aux Lettres-Patentes de 1772, qui ſont l'ouvrage de M. de B..... vous ſavez combien elles ſont nuiſibles à tous les Ordres de la Ville, au Commerce particuliérement ; combien les plaintes ont été vives & multipliées : elles ſont enfin accueillies, & nous ſommes au moment de jouir du fruit de nos Repréſentations. N'en doutez pas, mon Ami, M. de B.... ne ſera pas continué ; je ne ſuis pas *le ſeul Prévenu* de Lyon. Il n'aura point de voix, & j'ai ſongé à vous : je vous offre des ſuffrages ſuffiſants pour être du nombre des trois. Point d'obſervations, vous êtes fait pour cette place. Agiſſez auprès des Miniſtres. Point de remerciments, & ſur-tout point de délicateſſe mal-entendue. Le vœu de vos Concitoyens vous appelle, & vous ne ſauriez réſiſter à ma priere ſans être coupable : les talents ne doivent point reſter oiſifs ; c'eſt être à charge à la ſociété, que de ne lui rendre aucun ſervice ; mon amitié ne vous le pardonneroit pas, nous nous brouillerions enſemble ; car ce ſeroit la ſeule occaſion où j'aurois pu vous marquer ma reconnoiſſance, & vous l'auriez laissé échapper. Adieu. Je vous embrasse & ne vous donne point de nouvelles ; vous êtes à la source. Ici, je pourrois errer en parlant d'après la voix publique : agissez, c'est comme je veux qu'on me réponde. Je suis, &c.

LETTRE II,

De M. Sensé, en réponse à celle de M. Prévenu.

A Paris le 19 Juillet 1775.

VOUS êtes fou, mon très-cher, de vouloir me donner de l'ambition : si vous avez cru de remporter sur moi cet avantage, il faut que vous me connoissiez bien mal. J'ai renoncé à tout, & je suis heureux. A mon âge, la vie uniforme & tranquille a des charmes, dont rien ne sauroit dédommager : le plaisir d'être utile, de faire le bien, pourroit l'emporter ; mais se vouer au Public avec l'estime acquise, c'est exposer tout ce qu'on a de plus cher. L'homme en place est jugé trop sévérement ; on est trop injuste à son égard ; on ne lui tient que foiblement compte du bien qu'il fait, parce que ſon devoir lui en fait une loi, & le mal eſt toujours augmenté. Ses erreurs ſont des crimes, & des vues perſonnelles l'ont toujours conduit, aux yeux du plus grand nombre. Voilà quelle eſt ma façon de penſer, & la baſe de mon refus pour toutes les places qui me ſeroient offertes. Je dois à votre amitié une réponſe plus particuliere; mais permettez-moi de vous le dire, *M. Prévenu*, ne feriez-vous pas, dans cette circonſtance, *un peu prévenu* ſur le compte de l'homme à qui vous voulez que je ſuccede : vous ſavez que je ne le connois point; mais ſi j'en juge par ce que j'en ai entendu dire à des Militaires de diſtinction, qui ont fait la guerre avec lui, il ne peut mériter la critique qu'on en fait. Cet homme, qui eſt d'une Famille très-ancienne, qui s'eſt épuiſé au Service, a mérité, dans ſon Corps, l'eſtime & la confiance du Militaire; il a la réputation d'un homme droit, ferme, brave, & de joindre aux vertus Militaires, des connoiſſances qui ſembloient le deſtiner à la place qu'il occupe. Sa fortune eſt modique, *ſi on la compare avec celle que les hommes ambitionnent* : il l'a diminuée depuis qu'il eſt en place; & ce premier aſpect m'a convaincu qu'on ne lui rendoit pas justice. Je ne puis me persuader qu'un homme aussi-bien né, aussi généralement estimé, ait renoncé à la vertu au moment où il en avoit le plus de besoin; cette idée me répugne, & je vous veux mal de croire aussi facilement les propos du vulgaire : je veux absolument vous détromper.

Vous ne me ferez jamais croire ce qui ne sera pas démontré; ainsi, si cet homme, qu'un très-petit nombre de Citoyens, sans doute, juge trop sévérement; que les gens honnêtes respectent peut-être trop en silence; que le Ministre du Département a placé, parce qu'il l'estimoit peut-être encore au-dessous de sa place : comment vous flatter que je puisse faire mieux? Allez, mon cher, je me rends justice; ce qu'il éprouve me sert de leçon, & je la mets à profit en refusant vos obligeants services : grondez-moi, si vous le pouvez. Je vais oublier l'ambition & les ambitieux. Je ne vous confonds pas avec eux; mon cœur vous distinguera toujours. Adieu. Je vous embrasse.

LETTRE III,

De M. Prévenu à M. Sensé.

A Lyon le 21 Juillet 1775.

OUI, Monsieur, malgré l'ascendant que vous avez sur moi, je veux vous gronder, de me traiter aussi mal : votre caractere froid, votre Philosophie, vos principes, tout bons qu'ils me paroissent, pourroient être combattus par des raisons ; & je pourrois, ce me semble, tirer les conséquences contraires de tout ce que vous donnez comme preuve de la probité de celui à qui vous succéderez ; car je le veux absolument. Rappellez-vous tout ce que l'on nous a dit à son sujet, & que je ne répéterai point, pour ne pas mériter de votre sévérité une censure. *Sa fortune est modique ; il veut la place, il l'obtient ; il faut encore vous taire la conséquence*, elle est contraire à la vôtre : on a tort, peut-être ; j'accorde tout. Mais on n'en veut plus, il faut que vous lui succédiez : si vous vous y refusez, donnez-moi des raisons ; que je sache pourquoi vous seul seriez si juste,

& moi si ingrat envers l'homme en place. Vous avez entrée dans les Bureaux, cherchez-y donc la vérité, & qu'elle serve à vous vaincre ou à me débaptiser.

LETTRE IV,

De M. Sensé à M. Prévenu.

De Paris le 25 Juillet 1775.

JE reviens des Bureaux, mon Ami, tout s'y ressent de l'esprit du Ministre; on y est prévenant; on y veut le bien, & l'on montre la vérité comme on demande à la voir. Je vous remercie de m'avoir comme forcé de connoître plus particuliérement le nouveau Sully de la France, dont les vues m'avoient frappé jusques dans ma retraite : il est l'Ami des hommes, le Pere commun. Soyez tranquille; un aussi grand-Homme d'Etat fera votre bonheur particulier, en travaillant à celui de la France. J'ai interrogé sur ma Patrie : on m'a répondu ce qui nous a été dit si souvent; *que l'on se plaignoit d'Impôts, qui, sollicités sans réflexions, même sans besoin, par le Chef de la Ville,*

& accordés, ſans connoiſſance, par le Miniſtre prédéceſſeur, accabloient Lyon en détruiſant ſon Commerce. J'ai cru cette aſſertion démontrée, & j'allois dire que vous aviez raiſon : mais on n'en eſt pas là encore; *c'eſt l'intérêt perſonnel qui tient ce langage :* on s'en défie un peu, & le Miniſtre veut connoître le vrai de la ſituation de cette Ville, les moyens de la ſecourir plus efficacement, *avant de rien ſtatuer.* On m'a fait part des précautions priſes, & l'on ſe promet les plus grands avantages de la Commiſſion, dont les Membres ne ſe bornent pas même au travail principal. Ils font déja paſſer, par une correſpondance ſuivie, des Obſervations continuelles, qui annoncent leur prudence, leur ſageſſe, & la profondeur de leurs vues.

J'ai prié de permettre que je jugeaſſe par moi-même : j'ai cette liberté, & je parcours ce qui peut ſervir à m'éclairer. Je voulois toujours ignorer des détails que vous avez rendu intéreſſants pour moi, puiſqu'ils tendent à me juſtifier ſur un refus bien fondé, & que peut-être je trouverai l'occaſion d'être utile à un galant homme, *en vous ramenant à lui.*

Je vais vous ennuyer, vous n'aimez

point à calculer; j'abrégerai. En Janvier 1772, la dépense excédoit la recette, de 326,000 liv. Ce déficit m'a frappé; il m'a paru un très-grand vice : je ne suis pas étonné qu'on ait cherché à y remédier. On peut s'être trompé, les hommes sont sujets à l'erreur; il faut leur pardonner quand elle est involontaire.

Mes regards se sont étendus plus loin: je me suis rappellé les Lettres-Patentes de 1764, & l'administration qui avoit précédé : à cette époque, déja la recette étoit inférieure à la dépense, de 292,000 l. Si Barême est juste, on trouvera ces résultats : on m'assure que cela est aussi certain que 2 & 2 font 4.

Avant 1762, la Ville avoit des besoins pour lesquels elle sollicitoit des secours; rappellez-vous qu'il s'agissoit seulement de prorogation de différents Droits, qui occasionnerent la députation du Prévôt des Marchands : il donna au Roi plusieurs millions, pour indemnité des cessions qu'il accordoit; ce qui força, en 1758, à un nouvel emprunt qui augmenta la masse des dettes; alors, on étoit plus reconnoissant que nous ne le sommes. La Ville qui voyoit, dans l'avenir, une augmentation sur le comestible de seconde nécessité, offrit au Prévôt des Marchands, Chevalier de l'Ordre de S. Michel, pour témoignage de la satisfaction publique, une Croix enrichie de diamants, évaluée 18000 l. Cette augmentation de Droit diminua la consommation : l'imposition ne crût pas dans la proportion de l'augmentation. Le calcul fait en 1770, montra que ce nouveau Droit n'avoit mis en sus de la recette, toute dépense déduite, que 59000 l. environ. Si cet excédent étoit réel, ce qu'on nia dans le temps, c'étoit peu pour acquitter 37 millions de dettes.

La critique du passé est inutile ; ainsi, mon ami, je me tais & n'observe rien : mais tous les moyens employés jusqu'alors, n'étoient que des palliatifs, qui ont enfin mis la Ville dans la position malheureuse d'être annuellement au-dessous de sa recette d'une somme très-considérable, & d'une augmentation de dettes en capitaux de 4, 000, 000 liv. dont on assure que le Trésorier est en avance ; *je ne puis vérifier ce fait.*

On m'a fait tous ces calculs devant des Patriotes plus instruits de ces détails que vous & moi : leur silence me prouve qu'ils sont exacts.

La Ville étoit dans cette ſituation, lorſque le Marquis de B.... a été nommé P. des M. J'aurois penſé comme lui; les palliatifs m'auroient paru nuiſibles, & j'aurois vu les choſes en grand, dans l'avenir & pour toujours. Je me ſerois peut-être égaré; mon cœur n'eut jamais été coupable: pourquoi voulez-vous que je lui prête d'autres ſentiments? Nous verrons lequel de nous a raiſon; mais trouvez bon que je ne paſſe pas ma vie à faire l'Obſervateur & le Financier. Je vais exiſter pour moi & avec vous; car je vais ſonger à vos projets perſonnels, que j'approuve. Demain, je reprendrai l'entretien dans les Bureaux, & vous aurez la ſuite. Adieu; aimez-moi bien, malgré mon indifférence: elle ne s'étend point au ſentiment le plus durable pour lequel le Ciel ſemble m'avoir formé. Je ſuis, &c.

LETTRE V,

Du même.

De Paris le 28 Juillet 1775.

JE vous l'ai promis, il faut continuer; mon ſilence vous donneroit trop d'avantage ſur moi. Vous me croiriez vaincu, cependant, ma défaite n'eſt pas prochaine ; elle ne ſera jamais un triomphe pour vous, parce que je n'ai jamais prononcé ſur cette affaire.

J'ai vu hier un de nos Compatriotes ; il déclamoit fort contre celui que vous appellez *mon Protégé :* je n'ai entendu, dans tout ce qu'il diſoit, que du bruit : je ris encore de ſes griefs perſonnels. On veut qu'il faſſe le ſervice Militaire, auquel ſa qualité de Citoyen l'aſſujettit ; & parce qu'on ne veut pas permettre qu'il ſe faſſe remplacer par un homme à gage, il dit qu'on a de la dureté. J'avois cru juſques-là que c'étoit un privilege ; je le crois encore, & ſuis moins étonné du langage d'un ſeul homme, que je ne le ſuis d'apprendre que nombre de Citoyens raiſonnables penſent comme lui ; &, par ce ſeul motif, ſont ſuſceptibles de toutes les impreſſions qu'on veut leur donner : c'eſt bien la preuve que les grands effets ont ſouvent de petites cauſes. Revenons. Je n'ai point oublié qu'on nous avoit dit, que ce P. des M. *ne ſongeoit qu'à lui ;* j'ai préſente à la mémoire *votre conſéquence.* On m'aſſure qu'il a fait délibérer, en entrant dans l'Adminiſtration, *qu'aucune dépenſe ne ſeroit allouée ; que nul mandat ne seroit délivré ni signé, qu'à la pluralité de trois, au moins, des quatre Echevins.* Si l'on m'a dit vrai, il mettoit sa cupidité aux fers : cela seroit bien mal-adroit, bien s'éloigner de son objet. Eclaircissez-vous de ce fait; il est concluant en sa faveur.

En voyant la situation de Lyon dans tous ses rapports, en Homme d'Etat, j'oserai dire en vrai Politique, il compara son Site, ses Manufactures, avec d'autres Villes moins florissantes; mais dont la position ne sauroit varier, parce que les besoins sont toujours les mêmes, & les produits toujours égaux; & non sujettes, comme Lyon, à des moments de crise qui exigent des secours à 80,000 ouvriers qui sont sans travail ; cette comparaison lui donna pour résultat la nécessité d'avoir un fonds toujours prêt à être employé, qui, plus assuré que celui de la Caisse d'amortissement, établie par les dernieres Lettres-Patentes, présenteroit le double objet de faire face à ses dépenses extraordinaires & imprévues, & de rembourser chaque année une partie des capitaux des dettes, dont l'intérêt est ruineux. Ce projet, s'il est vicieux, se présente sous une forme bien séduiſante ; les grands intérêts ſont mis en balance, & l'économie en pourroit être la baſe. Je n'oſe prononcer ; pour un Soldat, c'eſt aſſez-bien calculer, ce me ſemble. Soyez *juſte*, ſi vous voulez être ſévere, *M. Prévenu.*

Le Miniſtre vit qu'il y avoit de grands maux à réparer, & il voulut, pour toujours, aſſurer l'exiſtence d'une Ville importante, & qui auroit infailliblement péri ſous ce poids, qui l'eût accablée. Il employa à ce travail un homme entendu, le ſieur Deſt..... ceux qui ſe connoiſſent en états de finance, l'admirent ; MM. les Financiers n'exciteront jamais ce ſentiment chez moi : je dois croire qu'il eſt bien fait, puiſqu'on l'aſſure ; c'eſt tout ce que je puis.

Pour moyen de ſecours, on dit qu'il propoſoit un droit de poids à l'entrée ſur le commeſtible, comme on le perçoit ici. Dans une Ville de Manufactures, où les denrées ne ſont déja que trop chargées d'impôts, un tel droit eût été trop nuiſible ; le Marquis de B.... le repréſenta, & il n'en fut plus queſtion. Si cela eſt, convenez donc qu'il eſt auſſi bon Citoyen que vous & moi. Qu'aurions-nous fait de plus ? *Voici ce qu'il fit* : Il obtint, au lieu de cette impoſition, une ceſſion de ſous pour livre pour la Ville, perçus au profit du Roi juſqu'alors, & dont Sa Majeſté ſe départit pour les beſoins de Lyon. Ce droit ſeul eſt un objet de 236 à 240, 000 liv. *M'auroit-on trompé ?* Je ſais-bien que vous me répondrez, *que ce bien n'eſt qu'apparent ; que c'eſt une nouvelle charge pour les Citoyens ; fondé ſur ce que l'Impôt principal n'eſt qu'une aumône du Public envers les Hôpitaux : vous ajouterez, ſans doute, qu'il falloit en ſolliciter la ſuppreſſion.* Mais, bon homme, ſortez donc de Lyon ; la France n'eſt pas toute dans votre patrie, & tout n'eſt pas fait pour vous : c'eſt le ſoleil, qui eſt fixe, autour duquel toutes les planetes tournent. Vous ſeul ne payez pas les 8 ſous pour livre ; ils ſont étendus à tout l'Etat, à tous les Droits ſans diſtinction, & au profit du Roi. Avoir détaché de ſes revenus une ſomme annuelle de 240,000 livres, n'eſt donc pas, quoi qu'on en diſe, avoir nui au bien de cette Ville ? Croyez-vous qu'on eût obtenu la ſuppreſſion d'une partie d'un droit domanial ? Il y a bien de la préſomption à le croire. Oh ! mes Compatriotes, comme vous errez, vous qui blâmez avec tant de sévérité ! c'en est assez pour aujourd'hui. Je vous ai trouvé 240,000 l. de rente ; montrez-moi seulement que l'homme qu'on accable a payé les dettes qu'il a faites pour vous, & je consentirai à oublier le bien qu'il a fait ; je le dis affirmativement de cette opération, sans craindre la moindre contradiction : mais malgré cela, mon ami, je ne serai jamais son successeur. Oseriez-vous me le conseiller ? Je suis bien satisfait de trouver dans l'homme public un Citoyen estimable, & d'avoir présumé bien de lui, en le jugeant par sa réputation : corrigez-vous, ou nous nous brouillerons. Je vous embrasse cependant de bien bon cœur.

LETTRE VI,

De M. Moins-Prévenu à M. Sensé.

A Lyon le 30 Juillet 1775.

VOTRE Logique est trop sûre, mon cher Ami, pour ne pas me convaincre en partie ; je reviens un peu sur mes pas. Je consens à réformer mon jugement, si vous continuez à me donner des preuves aussi concluantes. Etes-vous content ? Je ne vous donne aucune nouvelle, je veux que tout vienne de vous; sauf à moi à rectifier vos erreurs. Faites-moi compliment de ma nouvelle acquisition: j'étois en marché de deux Terres, également bonnes ; l'une se nomme *Plus*, l'autre *Moins;* votre lettre m'a déterminé pour cette derniere; cela va bien avec mon nom & la circonstance. Ne m'écrivez donc plus que sous celui de *M. Moins-Prévenu;* autrement, le Facteur seroit embarrassé à qui remettre vos lettres. Je crains bien que la Terre de *Plus* ne reste au vendeur, à moins que vous ne voulussiez l'acheter; cela vous iroit bien. *Devenez plus sensé*, Monsieur.

LETTRE VII,

De M. Sensé à M. Moins-Prevenu.

A Paris le 30 Juillet 1775.

ETES-VOUS bien disposé à me donner audience, Monsieur ? La prévention est-elle un peu à l'écart, & puis-je parler, sans crainte, sur un objet qui vous touche perſonnellement ? Si votre récolte de ſoie n'a pas été abondante, je ſuis mal reçu : vous ne voudrez jamais voir avec les yeux du Gouvernement, & par conſéquent, vous jugerez mal de ſes opérations ; je vous en préviens, afin de n'avoir pas de diſpute. On ſe plaint vivement d'un droit de 3 ſous 6 deniers ſur les ſoies nationales, que le Miniſtere avoit compris dans le chapitre des moyens. Je me haſarde à dire, que les conſidérations qui le déterminerent, paroiſſent fondées ſur les plus vrais principes du Commerce. Les ſoies étrangeres ſupportent un droit principal de 14 ſous par livre ; les ſoies nationales en ſupportoient un de 3 ſous 6 deniers : il fut ſupprimé par Arrêt du Conſeil du 30 Décembre 1755. Mais obſervez, mon Ami, je vous prie, que le Gouvernement avoit alors en vue d'encourager la plantation des meuriers : ce projet a eu ſon exécution ; cette culture eſt auſſi floriſſante aujourd'hui, qu'on pouvoit l'attendre. L'abondance qui en a réſulté, a fait baiſſer le prix de cette matiere, & elle eſt devenue d'autant plus ſuſceptible d'une modique impoſition, que la préférence due aux ſoies nationales, a une mesure qui doit être en proportion avec les soies étrangeres. En effet, mon Ami, réflêchissez & voyez, qu'en cherchant à favoriser aveuglément les soies nationales, l'Etranger, au lieu de faire passer les siennes, & de reprendre de nos Etoffes, tenteroit de les fabriquer : delà, des conséquences qui n'ont pas besoin d'être développées. Rien n'est plus capable d'en prévenir les suites, que la proportion combinée d'une imposition, qui laisse une sorte de concurrence entre ses deux matieres premieres. Voilà comment on peut voir à Paris; mais, pour nous mettre d'accord, je conviens qu'à Lyon on peut dire : *Si la politique exige cette imposition, elle doit être générale; ou elle est nuisible.* Voilà des raisons; *peut-être alors étoit-ce le projet du Gouvernement.* Ces réflexions, autant que l'Arrêt du Conseil de 1755, donnerent lieu à quelques observations de M. le P. des M. contre l'établissement de ce droit. Je ne sais si l'on m'a dit vrai; on prétend qu'il existe une Délibération des Notables de Lyon, de l'année..... j'en ai oublié la date, n'importe, par laquelle *ils présentoient un droit de 6 sous pour livre sur les soies, comme l'imposi-*

tion la plus insensible & la moins à charge. C'est avec cette piece que M. le C. G. répondit aux objections. J'ai peine à le croire, d'après la réclamation que tout le monde accueille. On a voulu pousser, vis-à-vis de moi, la chose jusqu'à me dire, *que cinq des Commissaires ont signé & pensé ainsi au temps où elle fut prise, ainsi que l'un des Echevins.* Tâchez de vous éclaircir de ce fait; cette contradiction me paroît trop frappante pour pouvoir exister. Est-il surprenant que ce droit ait été établi dans de telles circonstances, que le P. des M. ait été vaincu, & qu'il ait fallu le recevoir? Son établissement ne me paroît pas plus singulier que son abolition, parce que les temps ne sont plus les mêmes, & que des vues différentes doivent opérer un changement. Vous allez croire avoir écrit cette lettre; vous y trouverez peut-être de la prévention : si vous aviez voulu que j'eusse représenté le P. des M. coupable, vous avez raison; comme je suis convaincu qu'il ne pouvoit pas faire autrement, je l'excuserois, si les circonstances, que je crois vraies, ne parloient pour lui. Voilà les points où je m'attendois à le trouver digne de vos reproches, M. le Cultivateur de meuriers : *croyez-vous pouvoir les lui adresser?* Jouissez du moment qui se présente, sans critiquer. Dans deux ans, un autre Ordre de Citoyens se plaindra peut-être; car c'est un objet aussi considérable pour la Ville, qu'il est modique pour le Commerce, & qu'il faudra peut-être remplacer : je le vois ainsi. Je puis me tromper; mais non sur le compte de l'Homme en place. A vous entendre, mon Ami, il sembleroit qu'il *est Fermier de tous ces droits.* Attachez-vous à toutes les circonstances, & jugez, non du droit, mais de la conduite du P. des M. Je vous laisse y réflêchir ; demain, je vous ferai part de mon rêve, qui est aussi le vôtre, & que vous faites bien éveillé : on s'en est servi souvent pour nous endormir. Nous verrons ce grand malheur & ses conséquences : on m'a instruit, & je pourrois continuer, si je ne voulois me renfermer pour me rappeller à mes principes, desquels je m'écarte singuliérement depuis quelque temps. *Soyez toujours M. Moins-Prévenu.*

LETTRE VIII,

De M. Moins-Prévenu à M. Sensé.

A Lyon le 4 Août 1775.

VOus êtes donc pareſſeux, mon Ami, & vous ralentiſſez vos détails. Si M. *Tout-eſt-bien* ne m'avoit parlé de votre part, ſur l'affaire de l'ancien Receveur, il manqueroit cette circonſtance importante à votre correſpondance ſur des objets bien intéreſſants. Je ſuis comblé d'apprendre *qu'il joint à l'eſtime de ſes Concitoyens, celle des Miniſtres même, au près de qui on a voulu le deſſervir.* Depuis que vous m'avez appris à me défier des imputations que fait ſouvent le Public, avec légereté, à l'Homme en place, j'ai refuſé de croire que ſon déplacement eût les motifs qu'on en donnoit; je m'en applaudis, puiſque vous penſez que c'eſt par des vues particulieres que vous n'avez pas cru devoir pénétrer; je les reſpecte quelles qu'elles ſoient, parce que tout ce qui ſort des mains de ce Miniſtre, n'eſt que dans la vue du bien : ce qu'il a écrit de lui au Conſulat,

Consulat, est si fort à son avantage, que ce seroit être véritablement injuste que de le juger par son déplacement. Vous me trouvez bien changé, mon Ami; c'est votre ouvrage. Ce M. *Tout-est-bien*, m'a appris votre façon de penser sur le cadeau fait à M. Dest.... Comme il est de vous de trouver un bon côté à tout, vous dites que peut-être c'étoit justice; vous convenez cependant *qu'il eût été mieux de n'en rien faire*, & que, pour excuse, on pourroit donner l'usage constamment observé de marquer sa reconnoissance; le peu qu'il en a coûté à la Ville, & l'effet rétroactif donné aux Lettres-Patentes de 1772, qui ont produit encore du bénéfice par la cession des 8 sous pour livre. Je crois que vous n'en dites pas davantage, parce que ce n'est pas une opération du P. des M. seul, qu'elle est l'ouvrage du Consulat. Mais M. le Censeur, pouvoit-on laisser ignorer au Ministre un emploi de deniers de cette espece? Je conviens *que c'étoit le forcer* d'ordonner cette restitution; un Ministre intégre, & par conséquent sévere, ne pouvoit pas fermer les yeux; on s'en est félicité d'abord, & moi comme les autres; mais j'ai été témoin de cette vente : *le peuple avoit l'air d'être excité à battre des mains ;* cet éclat m'a paru avoir des conséquences qui, dans le premier moment, m'étoient échappées, & je blâme ceux *qui ont forcé la main au Ministre :* je crois qu'il eût été mieux de se taire ; mais on croit faire le bien, *cela vaut quelque chose.* Vous verrez des Relations pompeuses de cette journée ; *un Sage ne sauroit arrêter ses regards sur ce qui ressent la passion : ne les lisez pas.* Vous serez bien content de moi ; je le suis fort de vous, quoique vous ne m'ayez point écrit. Allez, mon Ami, on peut se vaincre soi-même, & je veux, à mon tour, devenir prudent. Il me reste, cependant, des doutes que votre amitié levera dans peu, ou je retombe dans ma létargie. Je vous aime bien.

LETTRE IX,

De M. Moins-Prévenu à M. Sensé.

A Lyon le 5 Août 1775.

HIER, mon ami, les Notables & les Commissaires ont été assemblés : j'ai tremblé pour votre *Protégé.* J'ai crains la reddition de comptes des Commissaires ; j'apprends qu'heureusement l'état de situation de la Ville garde *l'incognito ;* mais on n'en supprime pas moins le droit de Rêve, *& voilà le bien.* Ils étoient de l'avis d'une *suspension,* & c'étoit peut-être *prudence* dans les circonstances ; mais ils ont montré *tant d'inconvénients* dans ce droit, qu'on s'est déterminé *à la suppression.* En effet, ce droit est perçu avec la plus extrême *dureté ;* on ne fait pas, à la vérité, *décharger les voitures* à la sortie, *l'on s'en rapporte aux déclarations données,* ce qui ouvre la porte *à des abus au profit des Commissionnaires-Chargeurs :* cette Régie coûte énormément ; je ne sais pas si l'on m'a dit 20 ou 30 pour cent. On a observé que le Commerce *l'a toujours payé,* parce que les Chargeurs n'ont jamais *abandonné* ce droit avant 1772, & que le Commerce de Transit en souffre. Croiriez-vous que cela fait aux Crocheteurs seuls de Lyon, une perte *de trois millions par an.* On nous conserve la Foraine, qui seule exempte des deux tiers des droits, les marchandises qui l'ont payé, & qui vont à l'Etranger ou dans les Provinces réputées étrangeres.

Vous voyez, mon Ami, que voilà une bonne opération. On dit tant de bien de ce travail, que je souhaiterois qu'il fût imprimé, pour que tout le monde pût le connoître. Je suis curieux de voir comment vous expliquerez *ce Rêve*, à présent que vous avez les yeux ouverts. Permettez-moi de revenir un peu sur mes pas, & de dire que votre *Protégé* n'auroit pas dû nous rapporter, de Paris, *des songes aussi creux :* vous êtes bien embarrassé, l'événement me justifie ; & pour des raisons, *en voilà d'excellentes !* Point d'amour propre : je vous laisse le soin de me louer. Adieu. Je vais au Café partager la commune joie.

LETTRE X,

De M. Sensé à M. Moins-Prévenu.

A Paris le 9 Août 1775.

VOUS êtes admirable, mon Ami ! Comme vous saisissez, comme rien ne vous échappe ! Me voilà sans armes : vous vous êtes emparé de mon arsenal ; comment se défendre ? Vous m'en fournissez, vous-même. *Tremblez*, *témé-*

vaire!.... Ne craignez rien ; je ſuis de ſang-froid, & ne dirai point d'injures. Avez-vous pris la peine de connoître la nature de ce droit? *Oh! non; c'eſt inutile : à quoi bon! on veut le ſupprimer.* Vous ſavez-bien, au moins, que ce droit étoit l'objet de la *cupidité de quelques Traitans*, que je voudrois mettre dans les mains de nos Commiſſaires, s'ils pouvoient nous en défaire ; que les Fermiers-généraux, au lieu de 18000 liv. qu'en retiroit la Ville, vouloient en porter la ferme à 60,000 livres ; que *des infames Traitants* d'une autre eſpece, mirent à l'enchere, les uns 110,000 livres, les autres 120,000 liv. Si vous ne le ſavez pas, je vous l'apprends : je répete ce qu'on m'a dit ; ſi on me trompe, on a tort. *Je ne ſais pas comment on peut mentir.* Qu'auriez-vous fait, ſi vous euſſiez été C. G.? Qu'auriez-vous dit, ſi vous euſſiez été à la place du P. des M.? Pour agir différemment qu'ils n'ont fait, il ne falloit pas être en 1772. Il ne falloit pas avoir 37 millions de dettes à payer, & un vuide annuel à remplir. Voilà qui, ce me ſemble, juſtifie l'établiſſement de ce droit, même ſur toutes les portes, puiſque c'étoit ouvrir une route à la fraude : vous le ſentez. Entre deux maux, il faut prendre le moindre : ſi le droit de Rêve étoit un ſi grand mal, entre les mains des Traitants, qu'auroit-il été ? *une tyrannie.* Le P. des M. n'eût-il évité que ce danger, il auroit bien fait : nous ſommes un peu extrêmes à Lyon, & du coin de notre feu, nous gouvernons le Miniſtere.

Revenons, mon Ami, & ſoyez ſans paſſion. Que diable ! vous ne payez pas le droit de Rêve ! Voyez donc froidement. Si l'on *a mis de la rigueur*, comment accorder cela avec *la confiance aveugle* qu'on a dans les déclarations ? *Cette contradiction vous eſt-elle échappée ?* Si les Commiſſionnaires-Chargeurs *l'ont toujours perçu ;* ſi ce Commerce a été la ſource des fortunes brillantes faites ſous nos yeux, le Commerce *l'a donc toujours payé ?* Si cela eſt, *je le crois, puiſque vous le dites ;* & qu'avant 1772, *on ne ſe ſoit pas plaint :* comment ſe pourroit-il qu'il fût *plus nuiſible aujourd'hui ?* Les voitures ſe détournent, pour éviter Lyon : elles pouvoient toutes ſortir par les portes franches, & aller regagner la route : je ſuis conſéquent, je crois. Si, avec cette même charge, le Commerce *de Transit* étoit florissant *avant* 1772, comment a-t-il pu diminuer? Votre assertion est malicieuse ou fausse, & je n'aime pas la passion. *Votre calcul de Crocheteur* me fait pitié ! Je voudrois qu'il fût vrai, je vous conseillerois d'en acheter toutes les charges; cela vaudroit mieux que la spéculation des Agents de change, dans laquelle (par parentèse) j'ai appris que le P. des M. avoit été fort utile à ces honnêtes Citoyens: *sans doute qu'ils en sont reconnoissants.* Quant à vos frais de Régie, énormes, vous vous êtes bien trompé. S'il s'agissoit de Régie Royale, j'y croirois peut-être : calculez donc sur 5 pour cent, & c'est beaucoup. Oh! ça, mon Ami, soyons vrai. Comment supprimer un droit, *avant d'avoir montré la situation de la Ville?* Si leur travail n'est pas fini, *comment savoir qu'il est de trop?* S'il est achevé, *pourquoi ne pas le dire?* Trêve sur cela : vous auriez tort de dire que *c'étoit impossible.* C'est l'état de la Ville *en 1772, qu'il faut connoître;* c'est à cette époque qu'on a pourvu à ses besoins; depuis ce moment, *elle a acquitté des dettes :* prenez garde à ne pas tirer une conséquence fausse. Si je voulois voir l'Homme dans cette opération précipitée, je dirois que c'est pour plaire au Public ; mais est-ce le servir ? Vous avez parlé d'un droit de Foraine à conserver, & j'ai vu que vous aviez raison, parce qu'il est très-avantageux ; mais ces deux droits, *qui sont régaliens*, ayant été établis ensemble, la charge *modique* de l'un, n'a-t-elle point été considérée par le Gouvernement, comme devant balancer *le très-grand avantage* de l'autre, *& enchaîner la liberté de le payer ?* Ne doit-on pas craindre que le Ministre, dont les vues ne sont jamais particulieres, n'ôte à Lyon des avantages qui ne tendroient qu'à rendre les autres Villes tributaires de son Commerce ? Le systême de liberté & d'égalité n'y conduit-il pas ? Je m'en rapporte. Ce droit, *que je vous atteste être domanial*, comment se flatter que les besoins de l'Etat ne le feront pas rétablir au profit du Souverain qui en est le maître ? *Faut-il vous rappeller le passé pour vous en convaincre*, & ces *Traitants* qui le poursuivent, ne le solliciteront-ils pas ? Et si le Commerce n'en est pas *grevé*, *comme on pourroit le soutenir*, qu'auroit gagné *la Ville, & comment s'y opposer?* Et si ce droit est nécessaire, *M. le Propriétaire*, je vous plains : il faudra bien *le remplacer*. Mais je m'en rapporte bien à vous sur l'augmentation de vos loyers ; je ne prononce point aujourd'hui que vous voulez écouter les raisons pour & contre ; je vous laisse juger. Croyez-moi, ce P. des M. n'est pas si sot que vous l'aviez voulu imaginer : faites-lui rendre justice, si, comme moi, vous l'en jugez digne. Voilà mon songe ; qu'il vous plaise, je suis satisfait. Demain, je vous écrirai ; je terminerai sur ces objets : je suis las de cette correspondance, de toutes les précautions qu'il me faut prendre pour savoir la vérité, & je veux reprendre mon repos. Bonsoir, *mon cher Moins-Prévenu.*

LETTRE XI,

De M. Sensé à M. Moins-Prévenu.

A Paris le 10 Août 1775.

JE reviens à vous, mon Ami, & je termine sur l'objet de Lyon. Nous en sommes au droit sur les bois, dont on ſe plaint beaucoup ; on a raiſon, car il eſt bien cher à Lyon. Que ne fait-on comme ici ? on s'en appercevroit moins : cet établiſſement trouveroit encore des contradicteurs. Le Roi accorda un doublement de droit, ſur le gros bois ſeulement, afin que *lès Ouvriers s'en apperçuſſent moins.* Les Charges de Mouleurs de bois avoient été ſupprimées quelques années auparavant ; ils avoient cependant continué de jouir de leur état : l'exécution de cette loi portée, fut ordonnée, & la Ville tenue de rembourſer les Charges. Ce doublement eſt cruel ; celui qui met le pot au feu le ſent, & cela eſt dur. A quelles fins ce nouvel impôt, car en voilà déja beaucoup ? *mais il vous en auroit bien fallu davantage, pour qu'il vous reſtât quelque choſe.* Au ſurplus, il avoit pour but la reconſtruction du Pont de l'Archevêché, les Priſons, &c. Nous y voilà. *A cet inſtant, l'Auteur a penſé à lui ; il falloit des dépenſes faſtueuſes, des fonds pour y ſubvenir.* Vous me diriez bien le reſte, *ſi je ne le ſavois de vous depuis long-temps.*

Mais, mon ami, c'eſt préſumer le mal, que de trouver-là du perſonnel, que de blâmer la préférence donnée à la reconſtruction en pierre, ſur celle en bois. Comment oſer haſarder une inculpation auſſi grave, contre un Homme qui n'y a jamais donné lieu. Allez, l'envie de nuire, de prévenir le Public contre l'Homme en place, peut ſeule dicter ce langage. On a avancé des aſſertions, auſſi injurieuſes que la vôtre, & auſſi dénuées de vraiſemblance. On m'a dit, cependant, que des gens honnêtes les répétoient. Le grand nombre n'approfondit rien, & ne leve jamais le voile qui lui dérobe la vérité. Oui, *mon Protégé, mon Ami* (car j'oſe croire qu'il m'aimeroit, s'il connoiſſoit mes ſentiments pour lui), eſt trop au-deſſus de la juſtification pour que je l'entreprenne; mais vous qui n'avez point de preuve, ne vous rendez pas plus coupable, en inſultant à d'autres. D'ailleurs, mon Ami, rappellez-vous, qu'abſent de Lyon depuis 1772, il n'eſt revenu s'occuper de l'adminiſtration qu'en 1773 : alors, déja on diſoit, *& l'on écrivoit* qu'il ſatisfaiſoit *ſa cupidité*. Pour que cela fût, que de gens il eût fallu corrompre ! *Rougiſſez* ! Vous m'accorderez, ſans peine, que ſon intérêt n'y eſt pour rien : voyons s'il avoit tant de tort, de préférer *la pierre au bois.* Si ses prédécesseurs eussent pensé comme lui, Lyon auroit tous ses Ponts en pierre : aujourd'hui, il y en a quatre à reconstruire, & d'une nécessité presqu'également indispensable. Que l'Economiste calcule ; il résoudra le problême de savoir *s'il convient mieux de reconstruire tous les 25 ans, des Ponts qu'il faut réparer souvent ; qui finissent à la longue par coûter autant, & ne laissent a la postérité, que des dettes à acquitter, & de nouvelles reconstructions à faire.* Les communications interrompues sont-elles donc à l'avantage du Public, & ne doivent-elles pas être mises en balance ? Je ne veux point porter une décision ; mais les vrais principes de l'Economiste d'Etat, différent bien de ceux de l'Economiste dans le sein de sa famille : l'un entrevoit un terme à sa durée, l'autre ne sauroit y en mettre, & c'est toujours pour l'avenir qu'il doit travailler. Ce qui ressemble à la prodigalité, *bien calculé*, a souvent un effet tout contraire ; mais je me trompe peut-être. Il faut un Pont ; faites-le, & songez *à nos Neveux qui doivent passer sur ce Pont, & gouverner nos Finances.* Vous voyez, mon très-cher, que voilà des raisons de douter :

ne ſoyez pas ſi *prévenu* en votre faveur, & laiſſez prononcer les Maîtres. Vous croyez que c'eſt tout ce que j'ai à dire ſur cette matiere ? Non, mon ami : j'ajoute que les conſtructions mal faites, & qui ne fixent point l'attention des Voyageurs, ſont vicieuſes. Croyez que les *embelliſſements des Villes, contribuent à les rendre floriſſantes.* Vous qui avez voyagé, vous ſeriez-vous arrêté pour voir *des Chaumieres, une Ville mal bâtie?* Le beſoin ſeul peut vous y forcer ; il faut que le plaiſir y engage. Ainſi, dans les conſtructions en grand, on pourroit y voir le bien général : ſi vous voulez le nier, nous ne diſputerons pas ; car, vous conviendrez au moins, que le P. des M. n'y a aucun intérêt ; car, mon Ami, *il n'eſt pas Entrepreneur.* Reſpectez un peu plus un Homme diſtingué. *Si l'on vous accuſoit* d'un pareil oubli de vous-même, *vous feriez un beau train ! il eſt tranquille ;* c'eſt le calme de la vertu. Plaignez-vous de ce doublement ſur les bois, obtenez-en la remiſe ; je le ſouhaite. Mais prenez garde de ne pas laiſſer échapper l'impôt principal ; vous auriez fait *le bien particulier*, & c'eſt celui *du général* dont il faut s'occuper. Voilà tout ſur cet objet, ſur ces Lettres-Patentes qui n'ont pas coûté *les 2 millions* qu'on avoit autoriſé le Tréſorier ancien de donner, pour obtenir des prorogations de droit accordées *gratis*. Jugez à préſent, ſi cet Homme mérite le blâme. Croyez-vous qu'il y eût de la délicateſſe de ma part, de chercher à lui ſuccéder, lors même que je n'en ſerois pas éloigné pour toujours ? Ce que je ſais arrêteroit mes démarches, & cela doit enchaîner les vôtres, ou je ne ſuis plus votre Ami. Tant que vous avez été dans l'erreur, je vous ai excuſé ; vous ſeriez coupable de perſiſter : d'ailleurs, ſoyez ſûr que le Miniſtere eſt prudent. On a *compromis l'honneur* d'un galant Homme, d'un Homme qui eſt fait pour avoir des diſtinctions, puiſque ſon Frere eſt placé dans le haut-Clergé : on ſera *au moins juſte* à ſon égard ; c'eſt à quoi je borne mes vœux pour lui. Adieu, mon Ami. Vous connoiſſez mes ſentiments ; vous ſavez-bien que je n'en change pas volontiers : ne me parlez que de tranquillité, & laiſſez l'ambition à ceux qui trouvent la ſolitude affreuſe : venez y ajouter un nouveau prix, & ſur-tout, achetez une autre Terre dont vous puiſſiez prendre le nom, au lieu de celui de

M. Moins-Prévenu, qui me plaît aſſez. Pour moi, je ne changerai jamais celui de mes Peres, & je tâcherai de m'en rendre tous les jours plus digne. Mon bonheur ſera parfait, ſi je puis mériter toujours l'eſtime des gens de bien, & la vôtre particuliérement. *Mauvais ſujet !* Adieu. Permettez que je prenne du repos, & que j'oublie que ma Patrie *eſt injuſte :* quand elle aura *réparé ſes torts*, je l'en féliciterai. Je ſuis à vous à la vie & à la mort.

LETTRE XII,

De M. Convanicu, à M. Senſé.

De Lyon le 14 Août 1775.

JE me rends, mon Ami : tout vu, tout examiné, j'étois *bien prévenu* & *bien injuſte.* Je vais tout réparer, après vous avoir écrit : je cours chez cet homme malheureux, je lui avoue mes torts ; mon repentir le touchera, & il me pardonnera : *je ne ſerai pas le premier.* Je le prierai au nom de ma Patrie de ſe juger lui-même, & ſi les Lettres-Patentes de 1772 ont beſoin d'être réformées, il le fera, j'en ſuis ſûr : avec ſes ſentiments, cela doit être. Je lui proposerai de l'économie sur *des pensions* : mais non ; il ne feroit pas *grand bien* à la Ville, & je ferois le mal de quelques Particuliers. Je ne veux plus critiquer, cela est trop aisé ; il est trop difficile de rien faire qui ne puisse en être susceptible. Je cours aux Amis qui m'ont offert leurs suffrages pour vous, je leur fais lire votre Correspondance ; elle ouvrira leurs yeux : ils seront *justes*, *& ne cesseront point d'être Citoyens*. Je les lui ramenerai tous enchaînés par le repentir : il vous devra ce grand changement. C'est perdre des moments précieux ; le mal se fait promptement, & ne se répare qu'avec lenteur. Je vous quitte ; c'est vous répondre de votre goût : oui, *M. Sensé*, je quitterai mon nom, qui vous déplaît, & je prendrai celui de *Convaincu* : êtes-vous content ? votre triomphe est-il complet ? soyez sûr que je n'en rougis point, & que je suis bien reconnoissant, de vous devoir des sentiments qu'on peut se faire gloire d'avouer tout haut. Ne doutez jamais de ma prudence & de mon amitié. Je suis, pour la vie, tout à vous, votre affectioné serviteur, *Convaincu*.

FIN.

www.ingramcontent.com/pod-product-compliance
Lightning Source LLC
LaVergne TN
LVHW050501160826
845677LV00003B/866

* 9 7 8 2 3 2 9 6 6 1 6 7 4 *